AF403883

NOTICE BIOGRAPHIQUE

SUR LE

GÉNÉRAL LAMARE

PAR

LE GÉNÉRAL DE P...

Extrait du *Journal des Sciences militaires*.

PARIS,

TYPOGRAPHIE DE H. VRAYET DE SURCY ET Cᵉ,

RUE DE SÈVRES, 37.

—

1852.

[illegible handwritten line]
[illegible handwritten line]
[illegible handwritten line]
[illegible handwritten line]

NOTICE BIOGRAPHIQUE

LE GÉNÉRAL LAMARE

LAMARE (Jean-Baptiste-Hippolyte), général de brigade, commandeur de la Légion d'honneur, naquit à Bruxelles, en 1775, d'une famille de bonne bourgeoisie, d'origine française. Il perdit son père en bas âge ; sa mère, le confia de bonne heure à son frère, don Remis de Beugnis, prieur et supérieur de l'abbaye de Bonne-Fontaine, diocèse de Reims, qui lui fit donner une

bonne éducation. Rebelle aux intentions de son oncle,
qui le destinait à l'état ecclésiastique, il quitta l'abbaye
à 16 ans. Sa mère, voyant que sa vocation ne l'appe-
lait pas au sacerdoce, le plaça chez un ingénieur géo-
graphe, ancien ami de son père, où il étudia les ma-
thématiques et le dessin linéaire.

Après la victoire de Jemmapes, le jeune Lamare se
prépara à entrer dans la carrière militaire à laquelle il
aspirait; la guerre et l'émigration avaient ouvert un
vaste champ au courage et à l'ambition de la jeunesse.
Admis au service le 1er février 1793, en qualité d'élève
sous-lieutenant du génie, il devait, comme tel, aller à
l'école d'application pour achever son instruction; mais
les représentants du peuple en mission dans les dépar-
tements du Nord en décidèrent autrement, ils l'en-
voyèrent à l'armée. Il débuta aussitôt dans les places
de Lille, d'Arras, aux camps de Cassel et de Guivelde,
à la défense de Bergues et de Dunkerque; aux attaques
de Furnes, de Nieuport, de Rousbrugge, de Poperin-
gue, d'Ypres, etc. La première grande bataille à laquelle il se trouva fut celle de Hondtschoote, gagnée
sur les Anglais, le 8 septembre 1793.

Le 6 pluviôse an II, il reçut du ministre de la guerre
l'ordre de se rendre à l'armée des Alpes; il fut d'abord
employé au quartier général, puis au Mont-Cenis, à
Montmélian, à Faverge, à Conflans, à Suze, à Exilles, etc.

Ce fut dans ces divers postes qu'il obti nt les grades de lieutenant de deuxième et de première classe. Nommé capitaine à 20 ans (17 prairial an IV), il passa en Italie, y servit pendant ces premières et glorieuses campagnes qui annoncèrent à l'Europe le génie du grand Napoléon. Il fut employé sous les ordres du général du génie Chasseloup, à Milan, à Mantoue, à Vérone, etc. Après la retraite de Schérer sur les Alpes, il servit à la défense du mont Genèvre, de la vallée d'Abries, de Fenestrelle, de Queyras, de Briançon, etc.

En 1799, il fut envoyé, sur sa demande, à l'armée du Rhin. Après le passage du fleuve, en 1800, il fit partie du corps du général Moncey, qui pénétra en Italie par le Saint-Gothard. Le corps de Moncey ayant été réparti dans l'armée après la bataille de Marengo, Lamare fut renvoyé à celle du Rhin, et employé, sous le général du génie Clemancet, à l'aile gauche, jusqu'après la bataille d'Hohenlinden. Pendant les deux armistices, il fut occupé au lever de la carte de Souabe et aux démolitions des fortifications d'Ulm.

A la paix de 1801, il fut envoyé à Toulon et à Marseille, puis, chef du génie, aux îles d'Hyères et à Avignon. Plus tard, il obtint de faire son temps d'épreuve à l'école de Metz. Jeté fort jeune dans les camps, il avait bien été ondoyé comme officier du génie sur les champs de bataille, mais il tenait à recevoir le baptême de l'école d'application. Après y avoir passé le temps voulu (deux ans), il fut nommé, en 1804, chef du génie à Thionville.

En 1805, il reçut l'ordre de se rendre en Dalmatie ; mais l'Empereur, qu'il eut l'honneur d'accompagner dans la visite des fortifications de Metz, changea cette destination, et l'appela à la grande armée. Il fit les campagnes de Prusse et de Pologne, prit part aux batailles d'Iéna, de Pultusk, et d'Ostrolinka, aux combats de Sierock, etc. Dans une reconnaissance sur la Narrew, il eut un cheval blessé sous lui de deux coups de feu. En 1808, il commandait la deuxième compagnie de mineurs. En septembre, il partit pour l'Espagne.

Le 11 janvier 1809, il rencontra, à cinq lieues de Valladolid, un parti de guérillas d'environ 200 chevaux, qui cherchait à enlever un convoi d'artillerie. Sur la demande du commandant de ce convoi, le capitaine Lamare s'empressa de réunir sa compagnie à l'escorte ; et, renforcé par quelques canonniers, il attaqua vivement cette bande espagnole, qui barrait la grande route, la culbuta, et la mit en fuite.

L'Empereur, informé de cette attaque audacieuse, voulut voir la compagnie de mineurs. Le lendemain 12, à midi, il la passa en revue sur la place de Valladolid. Après lui avoir témoigné sa satisfaction, il nomma le capitaine Lamare, chevalier de la Légion d'honneur; il donna aussi, sur sa demande, la décoration au capitaine en second Gillet, au sergent Pignaux, et au caporal Bastard, qui s'étaient le plus distingués dans cette rencontre.

Le 13, le capitaine Lamare partit pour Madrid. Il fut employé au Retiro, puis au premier corps commandé par le duc de Bellune. Au passage du Tage à Almeras, il établit un pont de radeau avec ses mineurs et une compagnie de sapeurs, mit le fort de Truxillo en état de défense, prit part aux batailles de Medelin et de Talavera, aux combats d'Alcabon et de l'Alberge, fit construire un pont sur pilotis à Aranjuez, etc. Ces nombreux travaux ayant considérablement altéré sa santé, ses chefs le renvoyèrent à Madrid pour y prendre quelque repos. A peine rétabli, il s'empressa de rejoindre sa compagnie à Séville.

Au commencement de 1810, le maréchal Soult le chargea de fortifier Ronda, et de pousser une reconnaissance jusqu'au camp de *San-Roque*, devant Gibraltar. Le 27 novembre, le maréchal le fit nommer chef de bataillon, en récompense de sa conduite pendant la campagne, et de la part qu'il eut à la prise, de vive force, du fort de Huelba, sur le Rio-Tinto, où il commandait le génie.

Nous passons sur un grand nombre de faits militai-

res, auxquels le commandant Lamare prit part devant
Cadix et Malaga, pour nous hâter d'arriver à ceux qui
le firent le plus remarquer en Espagne. En février
1811, il remplaça dans le commandement du génie, au
cinquième corps, le chef de bataillon Cazin, tué à la
tranchée devant Badajoz, et fit, sous le général Léry,
le siége de cette place et celui d'Olivença. Il reçut une
forte contusion à la cuisse gauche, par un boulet, au
couronnement du chemin couvert de Badajoz.

Après la prise de cette place, il prépara sa défense
par des travaux considérables. Le maréchalt Soult,
confiant dans son zèle, lui donna le commandement du
génie durant les trois attaques qu'elle eut à soutenir
contre l'armée anglaise commandée par lord Wellington. Après la seconde défense, à laquelle il avait si
puissamment contribué, et où deux assauts des plus
acharnés furent repoussés, il fut nommé colonel et cité,
par le maréchal, à l'ordre de l'armée, le 20 juin 1811.
La confirmation de cet avancement extraordinaire lui
fut annoncée par le duc de Feltre, ministre de la
guerre, en ces termes : « (19 juillet 1811) Monsieur,
« je vous annonce avec plaisir que S. M. l'Empereur,
« voulant récompenser les services que vous lui avez
« rendus dans la défense de la place de Badajoz, vous a
« nommé, par décret du 9 de ce mois, au grade de co—
« lonel dans votre arme. » Etc.

Le roi Joseph, pour lui témoigner sa satisfactior

particulière, sur la vigoureuse défense de Badajoz , lui
fit présent d'une croix de la Légion d'honneur enrichie
de diamants.

Mais la fortune trahit les efforts de la garnison : à la
troisième défense de cette place de guerre, après un
assaut repoussé à trois brèches, où les Anglais perdirent
3,600 hommes, par l'effet des moyens de défense préparés
par les ordres du colonel Lamare, la place fut empor-
tée par escalade dans la nuit du 7 avril 1812, et livrée
au sac. La garnison, épuisée et trop faible pour se dé-
fendre contre une escalade nocturne sur tous les points,
succomba sous le nombre. (Voir la relation de cette
défense.) Dans cette lutte désastreuse, Lamare échappa
miraculeusement à la fureur des assaillants ; mais il fut
entièrement dévalisé et fait prisonnier. Conduit à lord
Wellington, ce général le reçut sous sa tente au bivouac,
lui fit offrir des rafraîchissements, et donna des ordres
pour qu'il fût bien traité. Cependant, cette bienveillante
attention ne put préserver le colonel de subir à Lis-
bonne de lâches et violentes insultes de la populace, et
d'être jeté dans un fort , pêle-mêle avec des forçats.
Huit jours après, il fut transporté en Angleterre sur un
vaisseau marchand. Arrivé à Plymouth, après une
traversée des plus pénibles, il fut écroué dans une pri-
son, où, victime d'un système de rigueur établi, il es-
suya les plus mauvais traitements ; ensuite on l'envoya

dans la province de Galles avec un traitement insuffi-
sant de 36 sous par jour, où il fut encore insulté et
frappé par des gens du bas peuple, mais traité avec
une noble générosité par quelques honnêtes habi-
tants (1). Après une détention de six mois, il fut assez
heureux pour s'évader de cette terre inhospitalière aux
prisonniers français. Le récit des outrages auxquels il
fut exposé, soit de la part des agents du gouvernement
d'alors, qui sacrifiait l'honneur à la vengeance, soit de
la part d'une populace excitée au mal, serait trop pé-
nible à décrire : arrêtons-nous à l'évasion.

Le ministre de la police, duc de Rovigo, chargea le
commissaire général Martin, à Boulogne, de faire enlever le colonel Lamare à Abergavenny où il était dé-
tenu. Un jeune *Smuggler*, se chargea de cette expédition
et s'en acquitta avec autant d'audace que d'habileté.
Porteur d'une bague en or, signe convenu, il se pré-
senta au colonel, un soir des derniers jours d'octobre,
et l'invita à le suivre sur-le-champ. Après une heure de
marche par une nuit obscure, ils s'arrêtèrent sur la route,
où un élégant coupé les attendait. Ils se dirigèrent

---

(1) Nous ne devons pas omettre de dire ici, que le maréchal Soult, dans sa bienveillance paternelle pour tous les
officiers de son armée, avait envoyé en Angleterre, au colonel Lamare un secours de 1500 francs, qu'il partagea avec
ses compagnons d'infortune.

aussitôt, par Londres, sur Dëal; là devait s'opérer l'embarquement; mais à leur arrivée il survint une violente tempête, et le temps devint si mauvais qu'il fut impossible de mettre aucune embarcation à la mer. Durant ce fâcheux contre-temps, le *Smuggler* quitta le colonel et le confia à l'un de ses associés. Obligé de se soustraire aux poursuites dirigées contre lui, le colonel erra pendant quatre jours sur la côte, déguisé en matelot, et réfugié chez une femme de *Smuggler* qui eut le courage de lui donner asile. Enfin, le 1er novembre, par une nuit très-sombre et un temps moins orageux, un léger bateau, monté par un timonier et quatre rameurs, fut mis à sa disposition. Il s'agissait, pour recouvrer la liberté, de franchir le Pas-de-Calais à la rame. Confiant en son étoile, il s'élança, sans hésiter, dans la frêle embarcation et s'abandonna au destin. La traversée fut affreuse; à peine avait-on perdu la terre de vue qu'un vent violent s'éleva; le bateau, qui n'était pas ponté, fut plus de cent fois couvert par les vagues et menacé d'être englouti; mais les intrépides marins, affrontant les flots, ne se découragèrent pas. Bref, le 2, avant midi, le colonel Lamare entrait dans le port de Calais, épuisé, exténué, mais affranchi d'une cruelle captivité.

Le 4 novembre, il se rendit à Paris. A son arrivée il eut une entrevue avec le duc de Feltre, et fut immédiatement nommé membre du comité des fortifications.

En mars 1813, il fut chargé du commandement du génie au cinquième corps de la grande armée (général en chef Lauriston). Dans cette campagne, il construisit, malgré l'ennemi, un pont de bateau à Halle, un pont de chevalets à Lœwenberg, sous les yeux de l'Empereur; prit part aux batailles de Lutzen, de Bautzen, de Gœldeberg, de la Katzbach, de Leipzig, où il eut un cheval blessé sous lui.

L'Empereur le fit officier de la Légion d'honneur après la bataille de Dresde. Il échappa heureusement au désastre de la rupture du pont de Leipzig, où le cinquième corps fut entièrement défait. Après ce funeste événement, il remplaça le général Dode de la Brunerie, au corps du duc de Bellune, sur le Rhin et en Champagne, jusqu'après la bataille de Brienne. Ensuite il eut le commandement des troupes du génie, concourut aux batailles de la Rothière, de Montereau, à celle de Saint-Dizier, la dernière de la campagne, et fit préparer une mine qui servit à la destruction du pont de Nogent-sur-Seine. A la fin des opérations, il commandait les pontonniers réunis momentanément au génie.

Il était à Fontainebleau aux jours néfastes de l'abdication. Le 7 avril, il fut nommé baron de l'Empire; mais cette nomination ne fut pas confirmée par le gouvernement de Louis XVIII, sous le prétexte que l'Empereur avait cessé de régner antérieurement à cette date.

Après 1830 il réclama contre cette mesure. Le ministre de la justice répondit que, moyennant une somme de 3,830 francs qu'il verserait d'avance chez l'un des référendaires des sceaux, il pourrait obtenir des lettres patentes signées du roi ; le général Lamare refusa de payer l'investiture d'un titre qu'il croyait avoir mérité par ses services.

En 1814, il fut appelé au commandement du 1ᵉʳ régiment du génie. Le 17 septembre, il fut nommé chevalier de Saint-Louis. Pendant les Cent Jours, il servit à l'armée du Nord ; revenu à Paris après Waterloo, il fut employé à la défense de La Villette, et ensuite à l'armée de la Loire , jusqu'au licenciement général de l'armée.

En 1816 , il fut nommé directeur des fortifications à Bayonne. En 1822 , il passa à La Rochelle , et en 1823 au Havre.

Il fut nommé commandeur de la Légion d'honneur en 1831, maréchal de camp en 1832, après vingt-un ans de grade de colonel. Ensuite il fut appelé au commandement du département du Jura. En 1833 il commandait celui de la Seine-Inférieure. En 1837 il fut admis au cadre de réserve.

Après février 1848, le général Lamare subit la retraite forcée que le gouvernement provisoire infligea à un si grand nombre de généraux de l'ancienne armée. Sa vie a été toute militaire ; ses grades, ses décorations n'ont été que la récompense de son zèle infatigable et du religieux accomplissement de ses devoirs, en un mot de ses longs et glorieux services.

Depuis la paix il a publié plusieurs ouvrages, savoir : les Relations des quatre siéges de Badajoz, celles d'Oli-vença de Campo-Major , et d'Albuquerque; une Instruction à l'usage des gouverneurs et commandants supérieurs des divisions militaires et des places en état de siége, etc.; quatre brochures sur les fortifications du Havre, et une proposition sur la réduction des régiments du génie et la réunion des pontonniers à cette arme.